JN411324

황홀한 약속

국립중앙도서관 출판시도서목록(CIP)

황홀한 약속 : 김도화 시집 / 지은이: 김도화.
서울 : 화남, 2007 p. ; cm. -- (화남의 시집 ; 11)

ISBN 978-89-90553-81-2 02810 : ₩7,000

811.6-KDC4
895.715-DDC21 CIP2007001636

화남의 시집 ⑪

황홀한 약속

초판 1쇄 인쇄_2007년 6월 4일
초판 1쇄 발행_2007년 6월 10일

지은이_김도화
펴낸이_방남수
펴낸곳_화남
(121-838) 서울시 마포구 서교동 366-30 목천빌딩 2층
전화_(02)3142~4787 팩스_(02)3142~4784
등록_제2-1831호(1994.9.26)
e-mail_hwanambang@hanmail.net

편집고문_ 김영현
기획 · 편집위원_이재무 이승철 현준만
디자인 · 편집_안인복 정고은

ISBN 978-89-90553-81-2 02810
값 7,000원

화남의 시집 ⑪

황홀한 약속

김도화 시집

화남

自序

시는 내게 독감과 같은 바이러스다.
'예쁘다, 예쁘다.'
다독이지 않으면 열병과 통증 속으로
온통 나를 몰아넣는 잔혹한 바이러스!

두려움에 다가가면
때로는 다정하게 미소하면서
때로는 냉정하게 조소하고
때로는 열두 가지 달콤함의 유혹으로
나의 영혼을 뒤흔드는 시간이 되기도 했던…….

그래서 버릴 수 없는,
차마 가질 수 없는
내 영원의 시간들…….

나이기에

오직 나이기에

스스로를 사랑할 수밖에 없는,

영원히 내가 안고 다독이며 살아야 하는 기꺼운 숙명인 것을…….

2007년 5월

김도화

차례

1. 그 찬란한 기다림으로

2. 절망을 위하여

3. 그래도 못다한 사랑

4. 오직 그대라는 이름으로

5. 또다시 인연이어도

6. 추억도 계절을 따라

제1부

그 찬란한 기다림으로

황홀한 약속

흐린 낮달이
동그랗게 서편으로 내리던 날
마음의 서러움이 뜨겁게 끓어올라
끝내 눈물도 없이 그대를 보내고…….

작은 조각배 가득
내 마음의 한자락 소망을 띄우니
그립다는 그 말이 새록새록 피어오르면
바람에도 쓰러질 그 작은 배를 타고
언제든 다가 올
그 살풋한 발걸음,
고요히 맞이할 그대의 눈이여!

태워도 흔적 없는
태양의 불꽃으로
기다림은 언제나 희망이더라.

세상과의 그 많은 이별이

낯설지 않은 것은 아니나
아무리 아파도
다시 만날 꿈이야
그 얼마나
황홀한 약속이던가!

양배추 꽃잎

아무리
들여다보려 하여도
마음 감추는 버릇만큼은
숨길 수가 없어
하이얀 속살 곱게 걸치고
사르락
웃음 주는 얼굴.

영롱한 순결의 나체는
채 수줍음을 털어내지 못하고
속살에 걸린 바람에도
가슴을 움킨다.

마음은 숨겨도
그 따스한 웃음에 눈먼
삶의 쓸쓸한 무게를
미소라서 감출 수 있을까.

바보 인형

가슴이 여미도록
아픈 한 마디를
차마 건네지 못했던 어제도
너는 바보처럼 웃기만 했다.

나도 너처럼
그렇게 웃을 수 있다면
이 막막한 가슴이 터져도 좋으련만
눈앞에 서성이는 그 미소는 무엇인가.

햇살처럼 웃는 그 입술 바라보면
다 못한 내 가슴의 말들은
구부러진 삭정에 걸린 채
주절주절 익어간다.

꽃이 될지
열매가 될지
혓바닥의 모래알처럼

까칠거리는 낙엽이 될지
그 무엇도 알지 못해
흔적 없는 파도를 따라
구겨진 상처들을 실어 보내니

사랑이 아픈 것을
정녕 몰라서
그렇게 바보처럼 웃는다면
이제는 너를 용서하겠다.

가난한 시인의 노래

사랑을 몰라서
한 줌 외로움을 타는 것이 아닙니다.

그리움을 몰라서
또 한 줄기 눈물을 훔치는 것도 아닙니다.

무정한 시선으로 드리운
눈부신 외면에
가슴은 붉게 타 노을이 되어도
사랑이란 시린 한 마디를
차마 건넬 수 없어
가난한 가슴은 한 줄 시가 됩니다.

마주하는 미소보다
바라보는 눈짓이
더 서러운 것을 모르지 않는 까닭에
돌아서는 그 길에
하마

비는 내리고
가난한 시인의 가슴에도 가을이 내립니다.

어느 봄날의 편지

이른 봄날의 향기를 담고
그대 이름 부르니
돌아오는 메아리에 그대 얼굴이 서렸다.

어느 바위섶 그늘에
피우지 못한 작은 꽃너울.
시간은 온통 네모로 얼룩져
기억도 없이 멀어가는 꽃들의 자리
차마 거둘 수 없는 한 송이 꽃이여!

가벼운 햇살의 흔적을 따라
그대 이름 부르니
못다 핀 꽃너울 작은 떨림에
그대 향기가 해설피 웃는다.

너를 위해서라면

작은 가슴으로
세상을 살지 말아야지.
네게 한 송이 꽃이 되지 못할 바에는
기억조차 짐이 되는 서러운 인연은 되지 말자.

너를 위해서라면
한 조각의 구름이 되어
바람에 흩어져도 좋겠다.

너를 위해서라면
한 스푼의 크림처럼
너의 뜨거운 가슴에 녹아도 좋겠다.

너를 위해서라면
한 줄의 시가 되어
너의 가을 가슴에 타는 노을이 되어도 좋겠다.

편지 — 1

비 오는 대로
동백은 모두 꽃 무덤이 되었다.
애써 만들어 본 외면도
다시 고개 돌려 멈추면
아직도 남은 이야기 —풀이 되지 못하는
꽃은 침묵이 아니다
침묵은 소리가 아니다.

어제는 비
오늘도 비
내일 또다시 꽃무덤이 될 동백은
풀이 되지 못한다.
가장 깊은 밤의 이슬은
언제나
언제나 눈물로 남는다.

편지 — 2

불면이 흐르는 거울 앞에는
낯설은 얼굴
숲 짙은 그늘에 선
작은 나무도 밤잠을 서성인다.

왔다간 되돌아가는
태양의 저편 언저리에
화려한 날개 어린 새는
새벽을 위한 축제를 준비한다.
꽃노래가 젖은 하늘에
불면이 흐르면
기억은 선물처럼 영혼으로 남는다.

오이꽃

수줍은 4월에
그 웃음도 못다하여
계절을 닮아 피었나보다.

꿈 없는 찬란함으로
그저 피어나기만을 소망하는 꽃
꿈 없는 영롱함으로
그저 때를 기다리는 순리의 꽃

띄엄띄엄
봄바람에 찰랑이는 소녀 같은 미소로
차디찬 벽 넝쿨을 덮어 올리고
별을 닮은 얼굴로 푸른 하늘을 본다.

목마른 가을

규목 아래서
낯선 바람소리를 듣노라면
지리한 장마를 몰아친
가난한 햇살의 수고로움이 함께 빛난다.

홀로 바람 앞에 서는 일이
두렵지 않은 것은 아니나
세상 속에 우연찮게 마주선
눈물의 시선들은
빈 주머니 속의 가을을 붉게 태우니.

사랑하는 사람아
이 바람소리 들리면
네 주머니 속의 가을이 다 타기 전에
우리 함께 저문 하늘을 보지 않으련.

바람을 닮은 새

지금 혼자인 것이 쓸쓸하지 않는 것은
단지
하늘에 별이 있기 때문이다.

사랑이 순간이라고
꽃잎이 지는 일이 어이 아니 서러우며
까마득히 지워질 이름이라 하여
가슴에 새겨진 그리움이 어이 아니 슬프더냐.

아주 가버려
영원히 흔적 없이 사라질 인연이라면
심장이 흔들리고
시선도 흔들리고
견디다 못한 뒷걸음조차
후두둑 흔들려도
부드러운 격분으로
내쏘이는 입김이야 어이 아니 따스하랴.

지붕마다 내리치는 달빛 소리에
더러는 새벽잠을 설치는
혹시
혹시 저, 바람을 닮은 새
그게 바로 당신이 아니더냐.

목련꽃 아래서

시린 목련꽃을 바라보면
빗발치는 고요한 서러움이…….

가슴에 꽃물조차 흔적 없는
오직
절정의 순백으로 다가오는 그리움…….

가슴 언저리 숨겨둔 말들이
목석같은 두 입술
가만가만 다듬어
기어코 속삭임도 삼켜 버리고…….

목련꽃 아래서
조각달 같은 눈짓으로 청춘을 삭히던
그 세월의 그림자는
흐르는 시간을 따라
찬란하게 사라지건만…….

보고 싶은 그리운 얼굴이야
오히려 화석이 될 줄은…….

봄, 그리고 여름은 갔다

묻어가는 바람에
한자락 소망을 적어
희미하게 사라지던 어린 청춘의 넋을 보던 날
나는 차마 울 수 없었다.
가볍지 않은 여유와
쉽지 않은 눈웃음으로
아직은 말이 없는 봄꽃이 지는 정원에 서서
가야한다고
가야한다고…….

오라는 손짓을 기다리기엔
짤깍이는 시계소리가
너무나 영롱한 까닭에
또한 차마 울 수 없는 일.

고운 입술 반짝이며
온 가슴에 묻어 둔 그날의 영광도
미련 없는 한여름 무례한 인사로 묻어 둔 채

가겠노라고
기어이
가겠노라고…….

젊은 청춘의 꽃다운 미소를
꿀꺽 바람처럼 마시던 날
봄,
그리고 여름도 추억처럼 떠났다.

신호등 앞에서

기다림에 익숙한 사람들은
찬란한 햇살을 두고도
눈부심을 모른다.

가슴에 가득 찬
오직 한 가지 일로
둔탁한 유채색 더께에 묻혀버린 생각들
눈길조차 잃어버린 무념.

누군들 기다림에 애타지 않은
사람은 없을 터
그래도 왠지
신호등 앞에만 서면
햇살보다 서러운 불빛에
가슴은 낯설은 타인이 된다.

오늘 하루도

그대라는 이름을 눈물로 담고
가슴 속에 키워 둔
한 송이 꽃을 위해
아름다운 노래를 부르니
나는 행복한 사람이어라.

흩어진 노을 저편
그리운 얼굴 있음에야
서글플 이유도 없는 하늘…….
바람은 불어
제 생명을 다하고
오늘 하루도
내 눈부신 그리움은
청춘처럼 빛난다.

엽 서

아직은 바람이어야 할 이름입니다.
아직은 꽃이어야 할 이름입니다.
아직
아직은 그리움이어야 할 이름입니다.

오늘같이 추억이 맑은 날에는
하늘에도 아름다운 바람이 불고요.
더러는 세상에 눈물이어도
오늘은
오늘만은 그립다고 말을 할래요.

제2부

절망을 위하여

21세기의 절망 — 1

바람 속에서는
혼자인 것이 두려울 때가 있다.
너도 없고, 나도 없는
익명의 공간에
벌거벗은 영혼들과
혹은 꽃을 든 영혼들.
사랑 없는 사랑을 하는 쓸쓸한 일들과
사람 없는 사랑을 하는 허망한 일들을
우리의 몸으로 약속하지 못한 날
차라리 혼자라면 서글프고 말 일.
그리하여 영혼은
둘이 되면 더 외로운 일인 것.

21세기의 절망 — 2

비둘기 시체가 나부러진 처마 밑에서
너의 집이 어디냐고 묻는다.
청춘처럼 견고한
시계바늘을 멈추게 한 순간부터
세월 속에 부재한 너와 나
지금 이렇게
바람이 몹시 불고
입술이 메마르고
나조차 용서 할 수 없는 얼굴로
너의 이름을 부를 때
너와 나의 차가운 손과
너와 나의 차가운 가슴에
영원히 지지 않는 촛불을 켤 수 있는 날
우리 그때는 죽어도 아름다운
사랑을 할 것.

21세기의 절망 — 3

일찍이
너의 집 문 앞에는 바다가 있었다.
창밖에는 늘 노을이 피었단 지고
해는 빨갛게 바다를 헤엄치곤 했다.
꿈은 꿈이어야 아름다운 것.
저녁 마차에 가을을 태우고
낙엽이 덮인 바다를 가로지르면
이미 사랑의 역사는
지울 수 없는 꿈
내 속에 내가 아닌 사람과
네 속에 네가 아닌 눈이 마주치면
이슥고
욕정은 바지춤에서 흔들리고
사랑은 머리끝에서 눈을 감는다.

감기

두 보름 동안
끙끙 앓던 감기를
낯모르는 손님처럼 달래 보내던 날
미련 없는 마음으로 돌아누워
창가에 머문 밤별을 바라보니
미소하는 어머니의 늙은 젖가슴이
서러운 별꽃 되어 내 가슴에 떨어진다.

아픈 상처 위로
여린 가슴 다독이며
사그락
사그락
화사하게 쓸고 가는 뜨거운 시선에
사무치는 정이야…….
그 여름 긴 감기를 떠나보낸 후에야
이렇게 애타는 얼굴은…….

비나리

수평선이 흔들리는 저 편에도
나처럼 추억이 살고 있을까?
이렇게 오늘처럼 비가 내리면
한 발짝 더 다가서고 싶은 거리.

목 놓아 부르는 소리 들릴 리 없건만
밤새 울음 우는 새처럼
칭얼대는 하늘을 핑계 삼아
나도 한번 소리 질러 봤으면…….

크지도 않는
그저 들릴 만큼의
소리라도 좋겠다.
오직 귀 기울여 들을 수 있는 낮은
소리라도 좋겠다.

서러운 이 비 그치면
햇살마냥 모르는 척

추억 찾아 들려오는 메아리.
그 향기로운 목소리에
눈 먼 한 마리 바다새가 되어도 좋겠다.

인연

스쳐 지나는 말 한 마디에
때로는 심장이 할퀴고

바람인 듯 지나가는
눈짓 하나에도
때로는 가슴에 멍울이 들듯

봄비 한 자락에 살포시 피어나는
파란 생명도 있었다.

가시 돋힌 한 마디에
아파했던 그 사람이
바로 나였음을 알았을 때
이미 나도 누군가의 깊은 상처였으리.

사랑함에 오직 부족한 우리의 인연!
그 시간시간
올망졸망 매달린 열매처럼

고요히 맞는 추억의 한 자락
너와 나
그리고
우리의 목마른 운명!

인연에 빗대어
— 화답시

가만히 찰나를 헤아린다
하나, 둘, 셋, 넷…….
억겁을 치달려 왔을 터인데
빛깔은 어찌 그리 고운지…….

영롱함에 눈물겹고
따스함에 가슴 저리다.
내려놓으면 아스라이 부서질 토막
만지면 홀연히 녹아버릴 자취

못내 겨워
베갯속 깊은 곳에 고이 묻어
꿈결에나 다시 볼까 밤새 뒤척이며

끝내 시선은
처음으로 돌아와
끝도 없는 셈
하나, 둘, 셋, 넷…….

기억의 새

오늘도 그 놈이 지글지글
내 머리를 흔들며 날고 있었다.
오래된 질병처럼
심장에 느껴지는 진통이
가슴의 봉분을 무너뜨린다.
내일이면 또 쌓아질 모래성
용감한 발길질,
미니스커트,
하이힐,
긴 머리 날리며 바다를 걸었으면…….

그저 기억으로만 기억될 수 있다면
절망도 희망도 아니었던 내 인생의 절반!
나무로만 살 수 있었어도
기다림으로 초연한 별빛일 수 있으리.
다시는 누구도 사랑하지 않으리란
그 쓸쓸한 결심을 그 놈은 맛깔스레 쪼아 먹는다.
내 몸에 흐르는 붉은 눈물을 그렇게 맛깔스레

핥아 먹는다.

그 기억이란 놈의 새가…….

바다의 꿈

해풍이 뒤엎은
산그림자의 허리를 안고
그대께로 달려가고만 싶었습니다.
어느 깊숙한 곳에서
나의 작은 꿈이
더러는 해초의 먹이가 되고
물빛에 젖은 그리움은
온내 고독의 눈물을 흘립니다.
살아야만 그리워할 수 있는
생명이기에…….

생명이기에…….
파도는 언제나 지칠 줄을 모릅니다.
오늘까지
내가 살아야 했던 이유가 있었듯이
내일도
내가 살아야 할 이유를 찾아
그대 가슴 한복판에

맨드라미 꽃씨를 날려봅니다.

슬픈 배열

내 기억 속의 그대는
늘 나를 앞서 가지만
그대 기억 속의 나는
늘 그대 뒤의 그림자로 남는다.

오늘도 하늘은
지치다 만 가슴을 푸르게 불사르고
눈물은 그리움의 얼굴들로
바람을 따라
가을을 걷는다.

낯익은 가을 속에
강물이 흐르고
숲들이 흐르고
하늘도 흐르는데…….

슬픈 나무 하나
슬픈 나무 하나는

별빛이 아득히도 멀어라.

지고이네르 바이젠

언제가 그 속에 그가 있었다.
내 어릴 적 환상 속의 전부였던 사라사테
한 사람을 사랑하는 것
한 사람을 그리워하는 것
연습도 없이 눈물로 알게 하는 슬픈 소리.

바이올린,
비올라,
첼로…….

그 인생의 사랑법은 G현의 울림.
구름 타고 안개 타고
하늘을 날으려는
작은 날갯짓.

푸드득 꽝…….
푸드득 꽝…….
다시 서는 날갯짓.

내 슬픔은

머물고 있을 그 무엇도 없는 세월에
죽어 있는 시계는 나를 슬프게 한다.
아스팔트 냄새가 가득한 길에
오늘도 슬픈 사람들은
노래를 찾고
술을 찾고
그리고 연인을 찾아서
하루를 잃어가면
까맣게 내려앉은 달빛에
어느새 또다시
새벽이 젖어든다.

바람꽃

바람이 지나가도
꽃들은 모두 낙엽은 아니었는데
사랑이 지나가는 자리는
온통 눈물이다.
채 피어 보지도 못한
그 아름다운 꽃은
어느 사진 작가의 필름 속에서
기억될 수 있을까.
흩어지는 모든 것이 나의 것이 되질 못한다.
모두가 내가 가질 수 없는 바람꽃이다.

무인도

파도를 걸어 혼자서 여기까지…….
아무도 오지 않는
어둠의 물 위를 걸어서 여기까지…….
한 자락의 새벽안개도
내 영혼의 쓰라린 꿈을 알지 못 하고
마음은 구름처럼 흩어진다.
처음부터 혼자였는데
영원히 혼자 일 수밖에 없는데
바람에 지는 안개가 눈부시게 시린 날
미소하여
미소하여
눈물이 흐른다……. 하늘에 별을 두고도 눈물이 흐른다.

종이학

생명이 없는 종이 조각에
그대의 혼을 불러본다
눈물은 뚝뚝 흐르지 않지만
나를 아는 듯이 눈을 감고 섰다.
눈부시게 아름다운 사람들도
이별을 한다지.
이별 뒤의 슬픔이 하늘로 뜨면
너는 한 마리 새가 되려나
혼자 나는 연습도 없이
유리 속의 종이학은 화려한 날개를 편다.
모두가 떠나고 없는 빈방에서…….

고추잠자리

위험한 지하철 공사장에서
연붉은 날개를 나풀이며
바리케이트 위를 빙빙 돈다.
아래를 내려다보면
어지럼에 짓눌린 현기증이
불빛에 흔들릴 즘
누구를 기다리며
그 위험 주위를 맴도는지
알 수 없는 바람만 휭하니
앙상한 가슴을 가른다.
언제나 기다림은
약한 자의 몫으로 남고
절망의 어두운 늪에서
고독은 갈라져
뜨거운 희망이 된다.

가난한 미련

세상이 흩어 놓은 것은 많은데
아무것도 가진 것이 없는 사람들.
푸른 빛 넘쳐흘러 알알이 터져버린 열매들과
누렇게 고개 숙인 벼 알 하나도
발길에 차이는
하얀 풀꽃 하나도
나의 것으로 가질 수 없는 지금,
그대 시간 속에 지워지는
먼 추억을
애써 기억하려는
이 미련도 가난하여라.

철 잃은 개나리

새까만 도로 위에서
도시인의 무거운 발걸음을 따라
철 잃은 개나리꽃

모든 애정의 거품이
사라진 뒤에도
푸른 잎새 사이에 두고
잃어버린 약속을 상기하려

연민에 겨운 시선으로
눈맞춰보지만
외려 수줍게
고개 돌리는 사람들.

제3부

그래도 못다한 사랑

쓸쓸하여 사랑

내가 없다고 하여
허전할 것도 없는 시간에
텅빈 거리에
하르라니 쏟아지는 비.

세상에서 가장 슬픈 이름을 가진
한 송이 꽃을 닮아
이렇게 인생이 외로운 것이라면
차라리
사랑을 모른다면야.

어설픈 사랑은
되려 쓸쓸하진 않으니
세상에 어느 누가
사랑을 노래하리.

내가 없다고 하여
멈출 것도 없는 시간에

텅빈 거리에
하르라니 비를 맞는
그 몹쓸 놈의 미련은…….

나를 위한 기도

나 오늘 하루를 사는 동안
깊이 사랑하게 하소서.
내가 보낸 눈길 하나가
의미가 되기보다는
누군가의 눈물이 되지 않게 하소서.

나 오늘 하루를 사는 동안
진정으로 미소하게 하소서.
내가 건넨 말 한 마디가
기쁨이 되기보다는
누군가의 슬픔이 되지 않게 하소서.

나 오늘 하루를 사는 동안
겸허로 돌아보게 하소서.
내가 걸어간 발자국 하나가
희망이기보다는
누군가의 방황이 되지 않게 하소서.

나 오늘 하루를 사는 동안
고요히 바라보게 하소서.
내가 본 그 시선 하나가
높고 푸른 하늘이기보다는
아픈 상처 가득한
내 벗임을 깨닫게 하소서.

언젠가

꽃처럼 살지 못하면서
나
꽃이길 소망했다.

별처럼 살지 못하면서
나
별이길 소망했다.

하늘처럼 살지 못하면서
나
진정 하늘이길
절실히
절실히 기도했다.

바람도 될 수 없는 연약한 인간으로
이름 없이 살다 가면 어떤가.
다시 고개 숙여
뜨거운 입술 가슴에 태우고

한 송이 꽃을 위해 재가 되면 어떤가.

세상엔 슬픈 것도 많아라.
돌멩이를 치고 가는 찬바람
숱하게 깨어지는 파편의 바다

세상에 태어나
님으로 사랑 알고
님의 꽃 되어
님의 별 되어
이 아름다운 세상 살다 가면 그만이지.

나는 어디에

아침 햇살이 남기고 간 흔적은 짧았다.
키 큰 그림자 하나
움켜쥐려 달려가면
어느새
바람은 맞은편의 거리에서
모나리자처럼 쓸쓸하게 웃어 주었다.

하루 중
그 하루 중
내가 선택할 수 있는 시간이
나의 자유가 아니라는 것을 아주 낯설게 느낄 즈음
조금은 슬퍼지는 나의 미소.

봄
여름
그리고 가을은
내 서러움의 가슴들을 모조리 태워버렸고
겨울은 언제나 머나 먼 시간 속에 얼어 있었다.

나는 지금 어디에 있는가?
시들어 가는 꽃잎 같은 시간을
멍하니 바라보는 시선들은
그 예전의 모습 그대로인데
오늘 나는
서러운 내 얼굴을 찾을 수가 없었다.

그는 나에게

바람을 마시지 않으면
훌훌
터져버리고 싶은 가슴이 있다.

미움은 더 큰 사랑의 열정임을
그대는 알게 한다.

바다가 하늘이 되고
하늘이 바다가 되듯
이별도 사랑이라 한다.

꽃이 아니어도 웃을 수 있는데
그는 나에게 꽃이 되라 한다.

바람이 아니어도 날을 수 있는데
그는 나에게 바람이 되라 한다.
기다림은 그대 몫이 아닌데
그는 굳이 나에게 그리움을 돌려주라 한다.

눈이 맑으면 눈물이 많다고
외로울 때면 눈을 감는
그림자 하나

하늘이고 싶고
바다이고 싶고
그리움이고 싶은 그대.

사람들은

님 가신 길 뒤로
낙엽은 바람으로 떠나갔다.
하늘은 그 바람의 손을 잡으며
푸른빛 눈인사를 한다.

다시는 만날 수 없을 거라고
그런 슬픈 생각은 말자.
이별은
그리움을 사랑이라 처음 말했다.
왠지 고독한 이유로
눈빛에 가득히 흔들리는
하늘빛 바다
사람들은 가을이라 했다.
바람의 쓸쓸한 미소를
가을이라 했다.
사람들은…….

삶

내 앞에 누가 서 있고
내 뒤에 누가 서 있는가.
사람들의 행진 속에
내 발걸음을 맞춘다.
더 나아갈 수도 있지만 조금만 늦춰
나를 돌아본다.
누군가 나를 바라볼 시간을 주고 싶었고
나 역시도 누군가를 지켜보고 싶었다.

새삼 세상이 아름다운 이유……?

기억 속의 별들은 모두가 세월이었다.
서글플 이유도 없는 시계 바늘이
눈물처럼 뚝뚝 떨어져 내리는
삶이란 시간이었다.
사랑하고 싶다.
아, 진정 사랑하고 싶다.

단풍나무 숲 — 1

세월이 흐르면 모든 게 끝인 줄 알았다.
강물이 흐르는 것도
구름이 흩어지는 것도
혹은
하얀 백합이 피고 지는 것에 대해서도
아무런 까닭이 없었다.
꿈을 꿀 때 하늘은 온통
향초로운 별이 되고
눈을 뜨면 세상은 온통 짙푸른 안개
꿈이 있어 행복한 건
수줍은 생명
그곳에 네가 있다.
우리가 서러워하는 것은 고독이 아니라
벼랑 속의 고립이다.

단풍나무 숲 — 2

아무렇지도 않게
그저 담담한 듯이
너를 바라볼 수 있다면
붉어진 상처 가득 안아도
이 가을에 울지 않겠다.
정작 떠나야 할 것은
불면이 재촉하는 절망
그리고 또 하나의 가난이다.
회한을 짊어진 채
종종거리는 새벽 걸음에도
언제나 아침은 오고
나는 굶주린 사자의 넋을
쏙쏙 핥아 먹는다.

해바라기

너는 하늘보다 높은 꿈을 가졌다.
너는 태양보다 화려한 꿈을 지녔다.
세상에서 가장 연약한 생명으로 태어나
가장 아름다운 모습을 갖고
사람보다 먼저 이별을 익힌다.
아름다운 꽃은 아니어도
해맑은 우러름을 닮고 싶다.
내 마음의 욕심을 버리면
나도 꽃이 될 수 있을까.
아니, 꽃잎이라고 좋겠지만
이별에 익숙한 너의 모습은
버리고 싶은 나의 모습이 된다.

나의 나무 — 1

다시 내 노래를 부르는 날에도
너는 돌아오지 않을 강물이었다.
침묵이 있던 산에
바람은 손님처럼 이별을 한다.
가고 오지 않는 사람들
내 나무에도 바람이 서면
누군가가 떠나고 누군가를 보내는
일들까지도
나의 일상이 된다.

나의 나무 — 2

눈물로 부어 오른 가슴을
아프다고
아프다고만 말할 수 있었어도
서러움은
꽃이었을 것이다
하늘엔 ……. 별
누군가가 놓아버린 기억을 향하여
맨발로 선 순결의 나무
나무는 꽃이 아니다.

산다는 것

어느 봄꽃이 지는 정원에서
나는 처음 우울을 배웠다.
봄빛이 하염없이 내리던 어느 날
유리알처럼 빛나던
화려한 5월의 장미가
낯선 바람 속에 한없이 흔들리고 있었다.
햇살에
꿈을 꾸는 하얀 강아지는 꽃잎에 얼굴을 묻고도
이 슬픈 이야기를 모른다.
노을은 또 저렇게 이별을 준비하고
엄마새는 아이새를 부르는데
웃음은 뚝뚝 떨어지는 꽃잎인가
산다는 것
눈물이 아니어도 이제는 사랑하리라.

오늘도 우리는 이별한다

사라진 것들의
노을빛 시간 속으로
바람이 지고
카킬거리는 동맥의 거친 숨과
갈색 부스러기들
그리고 생각 한 줌
여자가 창을 열고
별을 헤면
우리는 모두 이별한다.

어둠으로 조각되는
다섯 손가락
반짝이는 눈물에도 소리는 빛나고
우리는 오늘도
내일을 위한 이별을 노래한다.

꿈꾸는 보길도—1
— 안개 낀 새벽

짙푸른 안개를 동공에 끼우고
멀리 하늘을 바라 본다.
바람이 쓸어놓은 구름사이로
깻돌 같은 비행기 하나
멀리 어디로 가는지.
바다에—
소리 없는 나무가 정겹고
바다에—
웃음 짓는 바람이 따스하고
바다에—
발목까지 드리우는 파도를 싣고
어디—
어디—
꿈을 따러 가는가!

꿈꾸는 보길도—2
— 일상

어제는 여자가 떠났고
오늘은 남자를 보낸다.
하루하루 눈을 뜰 때면
이별은 낯익은 얼굴들로 바다를 향한다.

아직도
따스하게 남은 눈짓
새벽이 이른 하늘 아래
바람을 타는 새들의 고요가 눈부시다.
둥그런 얼굴 위로 수평선 하나 흔들리면
땅 끝으로 꿈을 싣는 작은 배.

제4부

오직 그대라는 이름으로

그대에게 — 1

시간은 흔들리지 않는데
사람이 흔들린다는 것을
그때는 몰랐습니다.
낙엽은 지지 않는데
바람이 분다는 것을
그때는 몰랐습니다.
타오르는 사랑보다
깃드는 영혼이 축복인 것을
그때는 정말 몰랐습니다.
부스러지지 않는 기억보다
잊혀가는 작은 것들을 사랑하고 싶습니다.
사랑은
살아서 말하지만
영원은 죽어서 행합니다.
아침에 창을 열면
햇살보다 먼저 비춰지는
그대의 얼굴이 있습니다.
그대는 나를 슬프게 하지 않는데

가끔

가끔 가을은 나를 슬프게 합니다.

그대에게 — 2

그대 그리운 날에는
가슴에 꽃을 달고 앞산에 올라
은빛 하늘 마시며
그대를 기다리겠습니다.
그대 보고픈 날에는
가슴에 별을 달고 앞 강가에 나가
얇게 춤을 추는
수평선 위를 거닐겠습니다.
하늘 닿는 곳 어디일지 몰라요.
이름 없는 들꽃이 하늘로 가듯
바람이 하늘로 가듯
찬서리에 꽃비 같은 하얀 웃음 지으며
하늘빛 날개 달겠습니다.
내 사랑이 그대이어야 함을
아직도
그대만은 모르게 있네요.

그대에게 — 3

그대 생일 유월 일일에
서른 송이의 장미는
내 입술을 훔친 채
화병 속에 잠이 듭니다.
샴페인보다 짙은 커피를
쓰리게 들이 채우며
외로운 파티를 준비합니다.
어색한 그대와의 해후보다는
차라리 가슴 아픈 기다림에 익숙해버린
내 사랑의 슬픈 방법.
아니 오실 그대를
내일도 그리워 할 그대를
오늘은
오늘은 또 어찌합니까?

그대에게 — 4

내가 가을을 걸으면
그대는 어김없이 겨울로 갑니다.
내가 겨울을 걸을 즘
그대는 또 봄날로 떠나겠지요.
그대여,
내 낮은 휘파람 소리 들리면
잠시,
아주 잠시 고개라도 들어 주어요.
그대 모습 뒤에
내 작은 사랑으로 지켜 섰으면
따뜻한 그대 두 손으로
만져라도 주어요.
그대가 봄날로 가면
나 이제는 겨울을 잊는 바다가 되겠습니다.

그대에게 — 5

그대 없는 일요일은
안개 낀 하늘
안개가 닿을 듯한 높은 산에서
그대를 부르는 메아리는
하늘을 뒤엎고 도는데
그대는 아무런 대답이 없습니다.
아직도 그대가 못다 부른 노래
그 아름다운 노래를 따라 부르며
오늘도 나를 기다릴 빨간 우체통,
그 앞을 서성입니다.
나를 닮은 빨간 우체통은
내 사랑의 역사입니다.
내가 사라지는 어느 날에도
내가 그대를 기다리듯
그 빨간 우체통은 나를 기다릴 것입니다.
그대 없는 일요일에 내 그대를 기다리듯…….

그대에게 — 6

만약에
그대를 다시 만날 수가 있다면
이별이 없는 세상에서
그대를 향한 내 눈이 멀어도
행복하겠습니다.
만약에
그대를 다시 만날 수만 있다면
하늘의 끝까지를 걸어서
절룩거리는 육신이 힘들어도
행복하겠습니다.
세상에서 가장 아름다운 것
꽃이 아닙니다.
세상에서 가장 찬란한 것
별이 아닙니다.
이별 없는 세상의 끝에서 만나고 싶은
그대입니다.

그대에게 — 7

언제나 저 별 속에
멀리 있는 그대.
어둠보다 더 깊은 허공의 끝에서
비가 오면 그대는
별이 되질 않습니다.
내 그대가 그리운 만큼
그대 나를 그리워함을
그대 말씀 없어도 나는 들을 수 있습니다.
별이 서지 않는 밤은
나보다 더욱 나를 그리워하는 그대 마음이
내게로 다가옴을 하얀비는
속삭입니다.

그대에게 — 8

어제도 밤을 지새웠습니다.
오늘도 밤을 지샙니다.
아마 내일도 밤을 지샐 것입니다.
꿈속에라도 보고 싶은 그대를
아끼며
아끼며
나 혼자 느끼고 싶은 까닭입니다.
내 마음이 텅 빌수록
그대 그리움은 더욱 가까워지고
쓸쓸함으로 채워지는 향기는
내 아껴둔 사랑을 잿빛으로 물들입니다.
이 가을이 오면
그대,
내 사랑하는 그대,
그대 깊은 고요마저 내게로 주어요.
그대 작은 고통,
내게는 더 큰 사랑입니다.

그대에게 — 9

내 잠들지 못한 시간들을
그대께로 보내면
내 생의 온 날은
그대의 모습들로 살았을 테지만
머리카락 하나도
그대 것이 되지 못하고
늘상 혼자 있는 외로움은
아직도 고독에 익숙치 못한 어설픈 눈물
내 손가락으로부터 흩어지는
음악의 선율도 나를 지치게 하고
생명을 잃은 촉수가
물결에 흔들리는 그 슬픈 운명을
바다로부터 기억합니다.
그대는 나로부터 떠났지만…….

그대에게 — 10

작은 불씨 하나
그대 가슴에 지필 수만 있었다면
내 사랑은 목마름에 허덕일 필요가 없었을 테에요.
그대 가신 후
내 사랑의 빈자리를 알기 시작했을 때
이미 너무 늦어버려
시작도 없었던 사랑은
그렇게 멀어져 갔지요.
그대 이름 한 마디조차
내 작은 입술로 불러 보지 못하고
가슴으로만 그리워했던 그대를
오늘도
가슴으로만 속삭입니다.

그대에게 — 11

가을 바람은 낙엽을 등에 지고 가고
흰구름 떠도는 푸르름은 계절을 따라 돕니다.
겨울은 또 어떤 모습으로
내 가슴보다 더 큰 동그라미를 그리며
나를 흔들는지
그대 없는 세상을 나는 알지 못해요.
세월만큼이나 덧없는 웃음으로
텅빈 구석의 찬바람을 막아도
외로움의 끝은 늘 춥기만 합니다.
그대 없는 하늘은…….

그대에게 — 12

나 죽으면 사랑으로 태어나
낮은 미소도 크게 들을 수 있는
바다 같은 가슴을
그대께로 드리고 싶습니다.
가을날에 꽃을 파는
아름다운 소녀처럼
해 맑은 두 눈
그대께로 드리고 싶습니다.
약속은 없어도
가을, 겨울, 봄, 여름이 흐르듯
그대의 동맥 속에
내 사랑 흐르게 하고픕니다.

그대에게 — 13

지금 눈물을 흘릴 때는 아닙니다.
내 가슴 속의 촛불이 꺼지지 않듯
그대 눈을 기억하고 있습니다.
가끔은 외로워도
때로는
그대가 견딜 수 없이 그리워도
신이 그대의 전부를 허락하지 않듯
조금은 그대를 원망하렵니다.
미움도 다하여 눈물마저 잃으면
그때는 그대를 잊을 수 있겠습니다.
언젠가 그대가 마지막 인사를 청하시면
그때는 눈물 없이 그대를 잊어드리겠습니다.
그러나 지금은 그대만이 내 사랑입니다.

그대에게 — 14

스킨 향기도 없는 깨끗한 얼굴로
저녁달이 아름다운 감나무 아래서
오늘도 그대에게 편지를 씁니다.
이 계절은 어쩌면 어둠조차도 이렇게 깊은 것인지,
딴에는 쓸쓸합니다.
나의 눈물이 그대를
눈물로 밖에 기억할 수 없는 그대를
끝없는 연습으로 애태우며
보고 싶다는…….
사랑 한다는…….
그 말조차 부끄러워 할 수 없어요.

제5부

또다시 인연이어도

그리움 — 1

그 흔들리는 소리 없어도
바람은 하늘을 안고 흐르네.
네 그리운 얼굴 없어도
그댈 닮은 코스모스
하얀 눈웃음은 회색빛 하늘에 시를 쓰네.
내 머리끝으로부터 발끝까지
온통 나를 휘도는 수줍은 환상이
주저앉아 헉헉대는
심장을 톡톡 두드리네.
그 흔들리는 소리 없어도
바람은 그저 하늘을 안고 흐르네.

그리움 — 2

나 세상에 어떤 모습일까?
더러는 누군가에게
사랑이었고
더러는 눈물이었다.
그 사랑으로부터 벗어날 수 없었다.
그 눈물로부터 일어설 수 없었다.
그대 눈처럼 내린 사랑은
내겐 흰 모래알로 굳어져
내 가슴에 서린 말
그 한 마디조차 하지 못했다.
보고 싶다는
보고 싶다는
그 한 마디를 하지 못했다.

지금 금촌에는

10년 전 오늘
금촌에는 오늘 같은 찬바람이 불어댔다.
나뭇잎은 말라 뒤틀려
밟으면 외려 더 큰 소리로 울부짖곤 했었다.
황토빛 바람밖에 없었다.
그리고 초라한 작은 술집.
소주 한잔 들이키지 못하는 못난 여자 하나가
10년 전 오늘은 그렇게도 슬펐는데
지금 금촌에는 어떤 여자가 있을까?

눈병

황사 바람에
빨갛게
충혈된 눈이
눈꺼풀을 안고 꿈틀거린다.
안경 속의 눈은 제 힘을 잃고
또 쓰러진다.
그 놈의 눈병 바람에
그리움의 합병증을 앓아야 했다.

식상

타다 남은 갈증마저
다 날아가 버린다, 이 순간.
눈을 뜬 아침은 빈 하늘이었다.
친구도
바람도
눈물도
아, 날개가 없어도 그것들은 희망일 수 있었다.
퀘퀘한 흔적 밑으로 꿈틀거리는
식상한 벌레 한 마리.

흙

살 타는 소리가 들린다.
갈색 분자들의 울림
바람도 죽어버린
어느 일요일 오후
노란 꽃씨 하나
천국을 찾는다.
봄도 가을도
과거도 미래도
꽃 되어 망을 짓는 따뜻한 언저리.

흙은 소리하지 않는다.

우리 뜰의 사과나무

우리 뜰의 사과나무는
나처럼 과민성이다.
큰 놈은커녕 잘 생긴 놈 하나 없다.
껍질조차도 나를 닮아 거칠하니…….
내일 아침에는 빨간 입술 바르면
요놈의 사과들이 빨개질는지…….
가지 뻗은 모양새도 꼭 나다.
그냥 내년에는 석류나무를 심을까 구시렁대다가
어머니께 성깔 고치라는
퇴박만 들었다.

들꽃

신은 너의 얼굴을
달보다
순결하게 만드셨다.
아무도 지나치지 않은
그런 들판 위를
바람이 부는 대로 흔들리는 모습조차 아름다웠다.
하루를 살아도
입속에 미움을 부르지 않고
허기진 배를 채우기 위해 울진 않았다.
그 아름다운 너의 이름 지키다
죽어도 눈물 없는 가는 꽃이여.

고한역

인간이 부서지는 마지막은 어딜까?
검은 기적 탈탈거리며 떠나 온 이 마을에
오가는 사람들의 서러운 미소들…….
갱 속의 어둠과 적막을 부수고 깨버린 열차 소리
강릉행 빨간 무궁화호는 고한땅에 술을 마신다.

치맛자락 부딪는 소리들로 인연은 끝이 난다.
너는 누구며
나 또한 누구인가.
활활 타오르는 젊음이 열차를 따라 떠난다
싸릿재에 그래도 사람이 산다는데…….

주인 없는 갱 속에 전설이 있다.
누군가 이 땅을 지키고 있을 즘
그들에겐 꿈이었던
그 작은 슬레이트집이 있다.
고한땅이 전설이 될 때는
모두 다 가을로 떠나겠지.

내가 버린 땅도 아닌 것이
네가 버린 땅도 아닌 것이
이제는 누구를 기다리나
가고 오지 않는 그들의 눈 속엔 전설 같은 고한땅을
외로운 사람소리가 있다.
외로운 삶의 소리가 있다.
소리쳐도 들리지 않는 조그만 절규가 있다.

슬픔을 위해 잊고 싶지만
아픔 속의 기억은 별이 된다
소리하지 않는 것들이 슬픈 것처럼
기다림을 체념한 그 역엔 외로운 가을이 앉아 있다.

그리움의 마지막에 너를 기억하는 나는
그래도 내가 마지막 인간임을 알게 한다.
네가 외로운 것처럼
사람들은 외롭고 전설도 외롭다.

가지에 매달려
바람에 흔들리는 소리를 듣는가.
낙엽도 아닌 것이
사람을 울린다.
가슴 가슴마다의 상처들을 열차는 쓸고 간다.
떠나지 못하는 사람들의 침묵을 열차는 토한다.

그리워도 말하지 않는다.
이별을 이별이라 하지 않는다
짙푸른 하얀 안개를 다 마셔 버릴 때
지친 몸뚱이는 하늘로 간다.

부재중 응답

세상의 모든 모순은
시인의 죄다.
이별도 사랑이라는
애꿎은 한 마디에
삶의 궁극적 목표는 사랑이 되고
드디어 이별은 왜곡되었다.
그리고 지금 나는 부재중이다!

누군가 내 등을 툭툭 치면
나는 그의 앞에서
투명한 머리에서 반사되는 응답을 토해낸다.
"지금 나는 부재요!"
오늘 아침
이윽고
모순의 시대는 서러운 기계음을
꿀꺽꿀꺽 삼켜 버렸다.

마주보는 우리

어젯밤에 어머니는
치통으로 온 밤을 새우셨고
어젯밤 나는
두통으로 온 밤을 지새웠다.
퉁퉁 부어 오른 얼굴로
무거운 눈꺼풀을 떨며
마주서는 아침
우리는 서로 말이 없었다.
어머니는 어머니대로
나는 나대로…….

가벼운 몸과
가벼운 눈짓으로 만나고 싶은 가장 가까운 사람에게서
고통은 가장 뜨겁게 다가섰던 것이다.
거울 속의 표정 없는 얼굴들.

달에게

어둠도 잊어버린 채
새벽에 홀로 너를 보낸다.
이별을 위해 네게 보여줄 웃음을 준비할 때
마지막 나뭇잎 하나
이별의 전주처럼 흔들리는 소나타
잔별 곁에 나누던 사랑의 밀언
그 속삭임은 따스했다.
아껴둔 귀하고 아름다운 영롱임
항상 꽃처럼 다가섰던 우울.
떠나는 발자국이 그렇게 고왔다.
두려움에 멀어지는 하늘터
허허한 노성의 아름다운 침묵
계수나무가 있던 자리에
전설처럼 사라진 오랜 기억들과
뒷걸음치는 너의 모습에
고적한 밤별들의 손 흔듦…… 안녕이라는.

피아노

저 황량한 바다 끝 어디쯤에서
울먹이며 부서지는 파도가 있다.
흘러흘러
하이얗게 조각난 손가락들.

그대가 없으면 내가 될 수 없는
구름 같은 운명을 목에 걸고
피에로처럼 울고 웃는 나
내 가슴 여든여덟 가지의 기쁨과 슬픔들이
엇갈리고 엇갈려 부딪는 소리, 소리들.
그 소리들로 멀지 않은 이별을 예감하고
또 그렇게들 떠나보낸다.

나뭇잎이 흔들리고
햇살이 흔들려도
나는 고요히 흐르는 강물인 것을.

보고 싶은 얼굴

계절이 바뀔 적마다
그리움의 몸살을 앓는다.
잊어야 하는 사람은
가끔 누군가에게 인사를 비추는데
진정 그리운 사람
옥구슬보다 눈부신 사람은
어느 만큼 멀기에
비 되어도 흐르지 않는지
석류는 함박 웃음에
제 할 말을 잃어도
아쉬움에 남겨진 그늘은
외롭기만 하다.

푸른 레몬

변명처럼 할 얘기가 많았다.
그렇지만 그리웠다고
그렇게 한 마디만 하는 거야.
황금빛 노을이 되고자
숨 가쁘게 불러댔던 노래들.

사람들은 나를 레몬이라 하지 않았다.
황금빛만이 전부가 아닌 나
그래도 나는, 분명 나였다.
어느 바람 속에서
동백나무 외투 빌어
사랑을 구걸하던 나는
내 이름이 아닌 이유로 돌아서야 했다.

네가 날 기억하지 않는데,
나는 왜
너를 그리워하는가?
마음속에 미움을 불러도

너의 강물은 흐르지 않는다.
이유조차 필요치 않는 서투른 몸짓,
그것은 설익은 레몬처럼
겨울 같은 추억이다.

소망의 시

등 뒤에 나란히
구름 같은 하얀 날개를 달고
포도덩굴 같은 그늘이 없어도
사랑의 노래를 부를래.

달 속에 한 마리 토끼가 없어도
전설속의 계수나무는 한 나무…….
세상에 천사는 없어도
천사 꿈을 꾸는 나는 아름다워.

등 뒤에 나란히
구름 같은 하얀 날개 달지 못해도
내 사랑 위해서라면
사막 같은 모래 위에
포도나무를 심을래.

제6부

추억도 계절을 따라

바람개비

바람이 일지 않으면
막 달려서라도
내 작은 날개를 힘껏 돌리고 싶다.
꿈,
사랑,
하늘을 향해
이 아름다운 세상을 얘기하고 싶다.
빨강, 노랑, 파랑
그리고 초록…….
가슴마다에는
제각기 그리움의 화려한 색을 달고
꿈속인 듯 날개를 펴며
하늘 끝으로 달려가는 바람개비.

벙어리 하늘바라기

이 세상이 지나가면
네 노래를 들을 수 있을까?
이 세상이 지나가면
내 노래를 부를 수 있을까?
눈물이 마른 세상에
눈물로 태어나
그저 하늘만 바라고 싶을 때
한번쯤
그냥 스쳐도 좋을 계절은
약속처럼 잘도 온다.
서러움도 아니고
절망도 아닌 것이 부끄럼에 짐스런
내 고개가 뻣뻣해질 즈음
절실히 소리 내어 울고 싶은…….
항상 하늘 아래 서 있음에도
하늘로 다가서지 못하고
내 안에는 늘상 쓸쓸한 이야기만…….

이별

너의 미소가 나의 눈물이 되기까지
너의 슬픈 노래는
어둠 속의 찬란한 별이었다.
상처로 얼룩진
하늘 아래 많은 날들
그 속에 홀로 떠나 버린 너의 의미는
결국 내가 홀로 서야 한다는 것이다.
말없는 인사
그 슬픈 눈짓이 마지막인 것을
아무도 몰랐다.
나를 일으키기 위하여
나를 지키기 위하여
작은 슬픔은
네게 이별이었다는 것을
그때는 정말 몰랐다.
너의 그 슬픈 미소가
나의 눈물이 되기까지
네가 불렀던 노래는

어둠 속의 찬란한 별이었다.

오늘은

질척질척
웬종일 내리는 비
그대를 잃어가면서도
아무 일 없듯이
하루를 살아야 할 오늘은 말이 없다.
나 혼자만의 그대가 아닌지를
우울처럼 마셔버린 오늘은
오늘은,
바람보다 비가 먼저 적신다.

미숙이를 보았다

달리는 버스 창으로
꿈에도 그리던 미숙이를 보았다.
예전처럼 아름다운 그녀가
자기를 닮은 예쁜 딸을 데리고
어디론가 가고 있었다.
달리는 버스쯤이야
뛰어내리겠지만
나 네게 무슨 말을 해야 할까?
나의 행복 불행 따위가
네게 어떤 대답은 아닐 거야.
내 삶이 조금만 덜 고통스러웠다면
널 잊으면 살아야 할 이유도 없었을 텐데…….
정말 그리웠어.
내 행복조차 잊고 산대도
난 널 사랑할 거야.

나의 도시

얼굴 없는 도시의 거리에서
나는 나의 얼굴을 찾아야 한다.
나의 얼굴마저 잃어버리면
나는 이 도시 속에 갇혀 버릴지 모른다.
주인 없는 도시를
모두가 주인인양 빽빽이 들어선
콘크리트.
그 속의 작은 나는
가난뱅이 피아니스트…….

마지막 완행열차

가슴에 따뜻한 녹차 한 잔
어깨 위엔 하얀 구름 걸치고
오늘도 비둘기를 탄다.
통통한 잿빛 몸뚱이
빳빳한 날개를 움켜쥐고
낯섦 없는 웃음을 찾아
이웃들과 벗이 된다.

풍경이 달리는 강물 위로
손뼉 치는 어린 나무
뚜우— 뚜우—
기적이 달린다.

내일도 오늘처럼
가슴에 녹차 한 잔 걸치고
기억 따라 떠나련만
울리는 저 기적 소리
마지막 추억의 울음을 토하나니.

도시의 풍경

그냥 눈물이 나는 날
내 속에 앉아 있는
슬프지 않을 꽃 한 송이와
생각 속에 외톨박이가 되어버린
고독이란 친구와
그리고 한 잔의 술.

낯선 외로움에
고개 돌릴 때
웃어주는 여자와
손을 잡는 남자…….

공중전화?
커피숍?
텅 빈 승용차?
거리는 온통 익명의 기억들.

너

너의 따뜻한 시선 하나로
내 슬픔은 추억이 되고
사랑한다는 그 속삭임 없어도
울렁거리는 가슴은
푸른 산을 넘는다.

하얀 도화지에
화려한 정원을 그리고
그 속에 잠든 너는
날개보다 예쁜 꿈을 베고 있었다.

시월이 오면

맑고 높은 하늘에 스산한 바람이 일면
내 그리움은
화려한 외출을 한다.
가을산은 수줍음에 얼굴을 붉히고
하늘은 목멘 구름을 펼친다.
시월이 오면
내 시월이 오면
그리움은 내 가슴을 넘쳐흘러
바다가 되어 흐른다.
그대도 없이 바다가 되어 흐른다.

가을 수채화

나도 모르게
엷은 하늘빛 코스모스는
바람으로 떠나갔다.
바이올린 연주도 없는 빈방에
깜깜한 어둠으로 밀려난
작은 꽃잎 하나가
눈물소리도 없이 떠나가 버렸다.
흰 도화지에
가을빛의 물감을 떨어뜨리고도
떨어져 나간 그 잎새를 차마 그리질 못하였다.
가을보다 더 아름다운 그림을
그려낼 수가 없었다.